Dieu-Benit Axel KORONDO

L'idée du christianisme chez l’être africain au 21e siècle

Dieu-Benit Axel KORONDO

L'idée du christianisme chez l'être africain au 21e siècle

Éditions Croix du Salut

Imprint
Any brand names and product names mentioned in this book are subject to trademark, brand or patent protection and are trademarks or registered trademarks of their respective holders. The use of brand names, product names, common names, trade names, product descriptions etc. even without a particular marking in this work is in no way to be construed to mean that such names may be regarded as unrestricted in respect of trademark and brand protection legislation and could thus be used by anyone.

Cover image: www.ingimage.com

Publisher:
Éditions Croix du Salut
is a trademark of
International Book Market Service Ltd., member of OmniScriptum Publishing Group
17 Meldrum Street, Beau Bassin 71504, Mauritius
Printed at: see last page
ISBN: 978-613-7-37368-2

Fr. KORONDO MOBEZAORO Dieu-bénit Axel Presnel

L'idée du christianisme chez l'être africaine au 21e siècle

AVANT PROPOS

Au terme d'une réflexion philosophique sur le christianisme en Afrique dans l'ouvrage *Christianisme sans fétiche* du philosophe camerounais Fabien Eboussi Boulanga, nous avons choisi de travailler sur le titre : « **L'idée du christianisme chez l'être africaine** ».

En effet, dans l'histoire récente de l'Afrique, la mission évangélisatrice du christianisme a été bien des fois identifiée à l'œuvre civilisatrice du colon. Le travail des missionnaires a provoqué une transformation radicale des sociétés et de l'être religieux africain, contraint à abandonner sa culture et à se revêtir d'une nouvelle identité. C'est ce qui justifie le choix de ce titre qui constitue l'épine dorsale de la critique et de la reprise africaines du christianisme par Eboussi Boulaga. Ce titre soulève le problème de la domination religieuse comme facteur d'acculturation et de déracinement du sujet et de déconstruction du tissu social. Nous cherchons donc à savoir s'il n'était pas possible au christianisme de transmettre son message d'une façon authentique sans une quelconque domination qui pourrait compromettre la stabilité culturelle et sociale au point d'aliéner l'être religieux africain et le conduire à l'individualisme. Pour élucider cette préoccupation, nous avons organisé notre analyse en trois points : le premier chapitre intitulé la foi comme une orthodoxie autoritaire, le chapitre deuxième, le christianisme africain et l'exclusion sociale et enfin, le chapitre troisième, le modèle christique.

En effet, le premier chapitre met en exergue la foi comme une orthodoxie autoritaire, à partir de l'étude des raisons de la domination du christianisme et les fondements du pouvoir d'extirper. Pour Eboussi Boulaga, le christianisme, dans son essence, en tant que religion du salut de l'homme, n'est pas problématique ; puisqu'il peut et doit garantir, par son message, l'épanouissement socio-culturel de l'homme, l'affermissement de sa vie intérieure et la cohésion des relations interpersonnelles. Ce qu'il remet en cause, c'est un christianisme d'empire qui s'impose au converti en l'extirpant de son être-au-monde, en lui présentant les données de la foi dans un processus compromettant sa capacité à reproduire les conditions matérielles et spirituelles de son existence. C'est ni plus ni moins une institution d'aliénation de la dignité de l'être religieux africain.

Ensuite, le chapitre 2ème aborde la manière dont le christianisme d'empire a rendu effective l'exclusion sociale de l'être religieux africain, selon Eboussi Boulaga. Le mode persuasif et la subtilité du discours missionnaire, ont arraché le christianisé à sa tradition, à ses croyances originelles et à sa vision du monde déclarées mauvaises et diaboliques.

Enfin, dans le troisième chapitre, nous avons essayé de situer le destin de l'Africain qui semble avoir perdu les pédales entre ses propres racines culturelles et son système religieux. Pour ce faire, nous avons présenté le modèle christique proposé par Eboussi Boulaga dans le but de recentrer et d'orienter de nouveau l'Africain sur le plan socioculturel et religieux. Il s'agit concrètement de sortir de la croyance aliénée en éprouvant la puissance transfigurante du Christ et en accueillant le message chrétien comme un modèle de restructuration de soi, c'est-à-dire d'un engagement personnel, collectif et concret à agir par imitation du Christ.

En définitive, nous avons tenté de montrer qu'il est possible que le christianisme transmet son message en Afrique sans faire œuvre de domination et d'aliénation. Pour ce faire, il faut que « le christianisme cesse d'être le projet des autres sur l'Afrique, pour devenir l'affaire des Africains eux-mêmes ».

Merci pour l'attention que vous nous avez accordée. Bonne lecture !

KORONDO MOBEZAORO

Dieu-bénit Axel Presnel

INTRODUCTION

La religion, disait Hegel est « la façon dont tous les hommes deviennent conscients de la vérité (...) par le sentiment, la représentation et la pensée raisonnable »[1]. C'est dire qu'elle est une possibilité et une réalité chez tout homme. En tant qu'attitude individuelle, elle est le cadre de la réalisation de l'expérience du surnaturel, le lieu de l'intériorité où l'âme s'exerce et s'efforce continuellement à découvrir la vérité. La religion suppose à ce niveau la liberté de l'âme et conduit donc à sa liberté, et à celle de la conscience et de la vie intérieure. Entendue comme phénomène social, la religion est définie par l'idée de « communauté morale »[2] comme facteur essentiel de cohésion et de communion dans les relations interpersonnelles. A partir de ces deux niveaux d'analyse, la religion apparaît comme promotrice de la liberté de conscience, édificatrice de communauté morale et facteur d'unification. Elle guide et oriente l'homme (la raison pratique) dans la réalisation de sa destination morale.

Or, l'histoire récente de l'Afrique montre que la mission évangélisatrice du Christianisme a été bien dès fois identifiée à l'œuvre civilisatrice du colon. Ainsi, les missionnaires ont provoqué par leur travail d'évangélisation une transformation radicale des sociétés et de l'être religieux africain. Contraint à abandonner sa culture pour sortir de la « sauvagerie » et se revêtir une nouvelle identité, l'homme africain est amené à renier ses systèmes de valeurs. Ce processus d'acculturation et de déracinement a conduit à la déconstruction du tissu social et culturel et à l'effritement des relations interpersonnelles, symptomatiques de l'individualisme diffus. Face à un tel constat, l'on est amené à se demander si le Christianisme tel qu'il a été apporté, répond à son essence et à l'œuvre d'amour du Christ. En d'autres termes, n'y était-il pas possible au Christianisme de transmettre son message d'une façon authentique sans une

[1]Hegel, *Leçon sur la philosophie de la religion*, Paris, J. Vrin, 1972, p. 65.
[2]E. Durkheim, *Les formes élémentaires de la vie religieuse*, Paris, PUF, 1991, pp. 103-104.

quelconque domination qui pourrait engendrer l'aliénation de l'être religieux africain et le conduire à l'individualisme ?

Cette préoccupation va retenir l'attention de bien de philosophes, théologiens et penseurs. Plus particulièrement, elle fera l'objet de réflexion d'une élite de philosophes africains qui, au lendemain des indépendances, ont réfléchit sur le devenir de l'Afrique. Hantés, en effet, par la quête de nouveaux repères suite à la crise d'identité générée par l'esclavage et la domination coloniale, cette élite n'avait d'autre but que de penser, à tous les plans, la libération du *Muntu* (l'homme africain) aliéné. Ils ont tous élaboré des théories en vue de penser et d'améliorer la condition de l'homme africain, et ce, à travers ce que l'on peut nommer aujourd'hui la philosophie africaine. Parmi les tenants de ce nouveau champ de réflexion philosophique, nous pouvons mentionner : Alexis Kagame, Marcien Towa, Alassane Ndaw, Paulin Hountondji, Koffi Niamkey, Kwame Nkrumah, Fabien Eboussi Boulaga, Achille Mbembe, Théophile Obenga, Jean-Marc Ela, Mamadou Diouf, Pathé Diagne, Tidiane Diakité, Ebenezer Njoh-Mouelle et bien d'autres.

Dans le présent travail, nous nous intéresserons particulièrement à l'apport de Fabien Eboussi Boulaga. Philosophe africain (camerounais) né en 1934, Fabien Eboussi Boulaga est un ancien Prêtre jésuite ordonné en 1969. Très tôt, il se fait remarquer par ses prises de positions (philosophiques et théologiques) notamment dans la publication de "*Le bantou problématique*" en 1968 et de "*La démission*" en 1974 qui provoqua un tollé dans les milieux ecclésiastiques ; car, le document appelait au départ organisé des missionnaires. Après onze années de vie sacerdotale et religieuse, il quitte les Jésuites et se fait laïciser en 1980. Titulaire d'une licence de théologie, docteur en philosophie puis en lettres, Eboussi Boulaga a longtemps été professeur des Universités au Cameroun, en Côte d'ivoire, au Congo Kinshasa, aux Etats-Unis d'Amérique (Université Harvard) et en Allemagne (Université Hambourg). Invité à des conférences et séminaires dans de nombreuses universités africaines, européennes et américaines, il s'engage dans les années 1980 dans des associations de défense des droits de l'homme, publie plusieurs ouvrages, d'abord sur la théologie, la philosophie, puis la politique. Bref, depuis l'Afrique (Yaoundé) avec ténacité et grâce à sa revue *Terroirs* et à sa maison d'éditions éponyme, il a su bâtir un foyer de réflexion transdisciplinaire désormais lieu de passage de la nouvelle génération des intellectuels du continent. Celui que l'on pourrait présenter à juste titre comme un « baobab de la pensée camerounaise et africaine »[3], est depuis plusieurs années professeur à l'Université de Yaoundé et depuis 1994 professeur à l'Institut catholique de Yaoundé.

Philosophe, théologien et chercheur rigoureux dans divers domaines des sciences sociales, Fabien Eboussi Boulaga s'est imposé dès ses premiers travaux comme un maître à penser. Citoyen libre et raisonnable, intellectuel exigeant et aiguiseur de consciences, il a le mérite d'avoir, dans la discrétion et l'effacement, identifié et subverti le « dogmatisme épistémologique » qui hante la production des discours philosophiques, théologiques et politiques en Afrique postcoloniale. C'est ainsi que toute son œuvre gravite autour de la problématique du *Muntu* (l'homme africain) et s'articule sur une herméneutique du sujet et une ontologie de la vérité. Cette nécessité de trouver et de faire émerger les conditions de possibilité de l'autonomie de l'Africain après l'épreuve de domination, transparaît dans la plupart de ses ouvrages dont : *La crise du Muntu, Authenticité africaine et philosophie* (1977 et 1997), *Christianisme sans fétiche* (1981), *A contretemps, L'enjeu de Dieu en Afrique* (1992), *Les conférences nationales en Afrique, Une affaire à suivre* (1993), *Le génocide rwandais - Les interrogations des intellectuels africains* (2006), *La dialectique de la foi et de la raison* (2007), *L'Affaire de la philosophie africaine, Au-delà des querelles* (2011), etc.

La crise du Muntu, qui est un questionnement de la dimension

[3]Cf. « Les 50 personnalités qui font le Cameroun : Fabien Eboussi Boulaga », *Jeune Afrique*, n° 2520-2521, du 26 avril au 9 mai 2009, p. 45.

ontologique de l'homme africain dans son entièreté et sa place dans l'histoire, apparaît comme l'ouvrage majeur d'Eboussi Boulaga. En effet, le *Muntu*, pour lui, n'est pas une essence mais une histoire, une trajectoire, un horizon de possibilités. *Christianisme sans fétiche* qui suit immédiatement n'est en fait que la suite du questionnement sur le *Muntu* initié dans l'ouvrage précédent. Dans cet ouvrage (*Christianisme sans fétiche*), il remet en cause toute la mission évangélisatrice de l'Afrique. Il y fait en effet, une critique des prétentions dogmatiques et métaphysiques du catholicisme en contexte colonial. Quel sens peut-on donner en âme et conscience au Christianisme dans un contexte de domination ? Est-il possible d'être chrétien de nos jours ? C'est la question que se pose le philosophe et théologien Fabien Eboussi Boulaga. Il s'étonne et s'irrite de l'alliance entre révélation et domination. De fait, il y a eu concomitance et solidarité entre la mission et la colonisation de l'Afrique. Ainsi, pour Fabien Eboussi Boulaga, le problème ne se situe ni au niveau de l'essence, ni au niveau du message du Christianisme, mais dans les méthodes ou démarches évangélisatrices du Christianisme. Il faut donc pour lui, identifier et analyser les mécanismes de transmission du message du Christianisme qui aliènent l'homme et déconstruisent les relations sociales existantes afin de faire de l'Africain un être religieux authentique. Dès lors, le néo-chrétien africain ne peut pas esquiver la question de savoir si sa foi ne se ramène pas à une simple reddition.

C'est d'ailleurs tout ce qui précède qui justifie cet intérêt que nous lui portons ainsi qu'à son œuvre. Dès lors, le but de notre travail est d'actualiser sa pensée en identifiant les écueils à éviter pour sortir de la croyance aliénée en vue d'éprouver la puissance transfigurante du Christianisme, et ce, à travers le thème : **« Le Christianisme en Afrique : aliénation et individualisme chez l'être religieux africain dans *Christianisme sans fétiche* de Fabien Eboussi Boulaga ».** Le problème que soulève ce thème est l'étude de la domination religieuse comme facteur conduisant le sujet croyant à d'une part, s'évader de lui-même et à perdre l'appui de son monde et de la réalité concrète et, d'autre part, à s'évader du tissu social. Autrement dit, le christianisme en tant que religion de promotion de l'humanité ne peut-il s'implanter dans une culture quelconque sans aucune orthodoxie autoritaire qui pourrait compromettre la stabilité culturelle et sociale au point d'aliéner l'homme et de le conduire à l'individualisme ?

Dans le but d'aborder de façon pertinente la problématique de notre travail, nous avons opté pour une structuration méthodologique qui organise notre analyse en trois chapitres. Le premier mettra en exergue la foi comme une orthodoxie autoritaire, notamment les raisons de la domination du Christianisme et les fondements du pouvoir d'extirper. Le deuxième se penchera sur le Christianisme Africain et l'exclusion sociale. Dans le troisième, nous montrerons à travers le modèle christique une possibilité de sortir de la croyance aliénée et l'actualisation du message chrétien.

CHAPITRE I : LA FOI COMME UNE ORTHODOXIE AUTORITAIRE.

Dans le présent chapitre, il nous parait important de mettre en exergue la forme originelle du christianisme ou mieux, comment le Christianisme devrait se présenter en tant que religion du salut de l'homme et non en tant qu'institution d'aliénation de la dignité de l'être religieux africain. Nous montrerons dans ce cadre comment un Christianisme d'empire s'impose en extirpant le converti de son être-au monde, en lui présentant les données de la foi dans un processus compromettant sa capacité de produire les conditions matérielles et spirituelles de son existence. Il s'agira donc concrètement de présenter d'abord le Christianisme dans son essence, puis d'aborder les raisons de sa domination et enfin de faire ressortir les fondements du pouvoir d'extirper dont le Christianisme a fait montre.

1.1. L'essence du Christianisme.

Le Christianisme est généralement conçu comme une religion fondée sur la personne et l'enseignement de Jésus-Christ. Apparu au premier siècle de notre ère, la diversité de ses réalités historiques la présente fortement comme la plus répandue des religions. Toutefois, peut-on définir l'essence du Christianisme à partir de ses réalités historiques si diverses qu'elles soient ? Que le terme de « Christ » soit devenu la désignation courante de Jésus dans les communautés primitives, le fait est attesté par le nom de « chrétiens » donné à Antioche pour la première fois aux disciples[4]. Le vocabulaire ne s'est pas arrêté là. Ignace d'Antioche inventera un autre néologisme en parlant de « Christianisme »[5]

Le Christianisme a fait sa première pénétration en Afrique Subsaharienne à la fin du XV Siècle peu avant la traite négrière ; il connait une

[4] Actes des apôtres 11,26.
[5] W. kasper, *Le Christ*, Paris, cerf, 1976, p. 262.

adhésion éphémère quoique massive, surtout dans le royaume du Congo. C'est au XIXème Siècle qu'il s'implante largement et solidement dans la foulée de l'invasion coloniale organisée par le capitalisme impérial. Le Christianisme s'est nourri de la culture antique et s'en est servi pour se développer. Il n'a donc pas détruit la culture antique. Le passage au paganisme en Christianisme dans l'empire romain s'est effectué par un processus d'intériorisation du culte. Alors, le Christianisme, en devenant la religion de l'empire romain au IVème Siècle sert à justifier un ordre politique autoritaire qui s'exerce au nom de Dieu. Il permet aussi, aux yeux des empereurs d'assurer la cohésion de l'empire. Il devient un élément essentiel de la civilisation de l'Antiquité tardive.

En effet, l'homme est tombé dans une bassesse avilissante pour avoir voulu s'affranchir de la vie, mais il a été sauvé gracieusement de cette déchéance par Jésus-Christ, Fils incarné de Dieu. Alors, selon Eboussi Boulaga, Christianiser signifierait humaniser, civiliser l'homme dégradé en le domptant et en l'élevant progressivement.[6] Voilà pourquoi l'évangélisation ne se sépare pas de la colonisation. Pour différentes, l'une de l'autre qu'elles soient, elles ne s'opposent pas, elles s'accordent même sur la tâche de redressement de l'homme arriéré et déchu[7]. Mais en quoi justement la conscience d'être les bénéficiaires uniques du mystère enfin révélé du monde, de l'homme et de Dieu est-il ce qui oppose les Christianismes ? C'est tout simplement parce que chacun affirme à travers ces formules communes qu'il est ce qu'il est absolument. Ainsi l'autodéfinition du Christianisme est-elle une affirmation tautologique de son identité en forme de certitude[8]. C'est donc dire que ce qui est professé dans ces confessions ou gestes communs est soustrait à toute comparaison possible avec d'autres réalités avec lesquelles il est incommensurable. Il ne peut donc se référer à soi-même, même mesurer soi-

[6] E. Boulaga, *Christianisme sans fétiche*, Paris, Présence africaine, 1981, p.26.
[7] *Idem.*
[8] E. Boulaga, *op.cit.*, p. 12.

même, se désigner soi-même tautologiquement. Eboussi Boulaga en déduit que les dogmes et rites n'ont pas d'autres contenus ou d'autres fonctions que cette définition formelle du Christianisme comme lui-même[9]. Il apparaît donc clair qu'il y a dans le Christianisme, en plus de la propagation de la vraie foi, celle de la vraie civilisation, puis celle de la vérité révolutionnaire : « l'intervention verbale militaire des Blancs » prend toujours à leurs yeux la signification d'une mission de la diffusion nécessaire et obligatoire du sens, à eux révéler de l'existence dont ils ont le monopole de la gestion exclusive.[10] Rien d'autre ne découle de la tautologie dogmatico-rituelle. Car la configuration dogmatico-rituelle est le reflet bi-univoque de la structure des réalités spirituelles, indépendantes et en soi, qui sont le fondement, le sens et la vérité de ce qui est sensible et temporel.

Par ailleurs, le dogme ou le rite sont inaltérables, non seulement parce qu'ils disent d'une manière répétée, l'identité chrétienne, mais aussi parce qu'ils expriment l'autorité divine et l'essence définitivement manifestée de l'existence grâce à elle. Eboussi Boulaga avoue ce fait quand il écrit :

> Que l'Eglise et le croyant soient soumis à la parole ou à la Révélation signifie concrètement qu'ils ne sont pas libres à l'égard du vocabulaire, des images, des récits des mythèmes, des formules et des schèmes de l'Ecriture et la tradition qui l'actualise et le commente, par le symbole, le dogme et le rituel. L'immutabilité est l'indice ou l'icône de la transcendance de Dieu et de l'essence du réel se donnant ainsi à l'intuition[11].

Il s'en suit que le croyant et l'Eglise sont enfermés dans les limites de ce discours auquel ils adhèrent et par lequel ils sont comme possédés. Certes, ils reçoivent un langage tout à fait capable de dire et d'effectuer le sens de tout ce qui arrive.

[9] E. Boulaga, *op.cit.*, p. 13.
[10] *Idem.*

[11] E. Boulaga, *op.cit.*, p. 23.

1.2. Les raisons de la domination du Christianisme

La domination est imposée par une minorité radicalement et culturellement différente, au nom d'une supériorité raciale (ou ethnique) et culturelle dogmatiquement affirmée à une majorité autochtone matériellement inférieure ; la mise en rapport de civilisations hétérogènes[12] : une civilisation à économie puissante, à rythme rapide et d'origine chrétienne s'imposant à des civilisations sans techniques complexes, à économie retardée, à rythme lent et radicalement « non chrétiennes »[13]. Le caractère antagoniste des réalités intervenant entre les deux sociétés qui s'explique par le rôle d'instrument auquel est condamnée la société dominée, la nécessité de recourir non seulement à la force mais encore à un ensemble de pseudo-justification et de comportements stéréotypés.

Si l'on veut démontrer les mécanismes des idéologies élaborées aujourd'hui par une classe dominante en Afrique Noire, il semble nécessaire de rappeler un fait fondamental : Le Christianisme introduit en Afrique est lié à l'esprit d'une économie dominante qui se fonde sur l'esclavage et l'exploitation[14]. Nous ne pouvons ignorer le rôle de cette histoire dans la production des discours religieux. La foi reçue des Eglises d'Occident porte la marque d'une culture de légitimation dont on retrouve l'impact dans l'interprétation de l'Ecriture depuis l'Antiquité Chrétienne. Nous avons hérité d'un Christianisme qui a eu tendance à spiritualiser au point d'oublier qu'il est une religion de l'incarnation. Un aspect de cet héritage est la connivence de l'Eglise avec toutes les formes de théocraties et de conservatismes sociopolitiques.[15] Ainsi, pour freiner l'essor de la pensée libre qui exige l'instauration du débat et la confrontation dans tous les domaines de la vie publique, on recourt à une théorie qui renvoie l'Africain à son passé pour le

[12] *Idem.*
[13] *Ibidem.*
[14] J.-M ELA, *Le cri de l'homme africain*, Paris, l'harmattan, 1980, p. 150.
[15] J.-M ELA, *Repenser la théologie africaine*, Paris, Karthala, 2003, p. 79.

détourner des problèmes du présent. Par ailleurs, le monopole du langage absolument vrai et divin donne à ceux qui en jouissent un pouvoir infini sans limite sur le monde, l'histoire et les consciences. Par conséquent, Eboussi Boulaga en déduit que de la domination symbolique, qui en résulte est telle qu'elle peut provoquer la paralysie de l'âme et l'aliénation la plus totale de l'esprit.[16] Prêcher l'authenticité, c'est consolider une sorte de monocéphalisme qu'entraîne la confiscation du pouvoir au profit d'un chef absolu. A la limite, « l'authenticité est une théorie de la dictature personnelle ». Tout succès sera la justification et la confirmation des Vérités révélées. Eboussi pense que la Révélation ou la Bonne Nouvelle prise dans le cercle de la civilisation et de la polémique des églises entre elles, se substitue à la liberté de la Parole de Dieu. Dès lors, les catéchismes des différentes confessions donneront à reproduire cette réalité composite qui tient lieu désormais de la substance salutaire et qui comprend des considérations d'ordre rationnel, coutumier, et de notions propres à la société bourgeoise et à son éthos[17].

En effet, dès lors que Dieu est intervenu dans le monde, l'institution qui revendique d'être son lieu tenant sa présence en différée, s'octroiera des droits divins. Car la relation dominant-dominé, opérant dans l'évangélisation, met en présence des sociétés et donc des habitus hétérogènes. Le Christianisme qui aborde l'Afrique est celui de la société bourgeoise. Alors, il va se heurter à la religiosité de société opposant à ses tendances qui pour elles sont dissociantes, individualistes et économistes[18]. Un contre idéal qui alléguera au nom des Ecritures d'autres valeurs et une autre expressivité. Si nous voulons retrouver l'objet propre de la théologie, il nous faut affranchir la Révélation des ruses millénaires des logiques de domination à travers les paradigmes qui masquent la dimension historique de la croix de Jésus et mettre en valeur le caractère

[16] E. Boulaga, *op.cit.*, p.15.
[17] E. Boulaga, *op.cit.*, p. 39.
[18] E. Boulaga, *op.cit.*, p. 23.

subversif de l'Evangile. A cet égard, ce qui est mis en cause d'abord, c'est un aspect de l'héritage du néoplatonisme des Pères de l'Eglise. Cet héritage néglige non seulement les valeurs de la personne, du corps et de la sexualité, mais aussi la consistance du monde, de la création et de l'histoire qui constituent les structures de la pensée chrétienne. En tenant compte de ces apports de la Révélation biblique, il convient de rappeler qu'en parlant du salut en Jésus, le Christianisme ne prêche ni l'évasion ni la soumission. Il ne s'agit pas de sortir du monde ni de s'y conformer mais de le transformer ou, plus radicalement, de participer à la transformation que Dieu entreprend. Le Christianisme ne détourne pas des réalités concrètes de l'existence, il ne pousse pas à les accepter, il nous met au travail. Car ce qui suscite l'élan missionnaire, ce n'est pas seulement l'ordre d'aller annoncer l'évangile à toute créature, c'est aussi la détresse des peuples attardés et païens. Le trait le plus saillant de l'Afrique est la misère, autant morale que physique : l'esclavage, l'ignorance, les superstitions et l'immoralité y sévissent aussi bien que de foisonnantes maladies corporelles. C'est cela que justifie Eboussi Boulaga quand il écrit :

> Puisqu'en lui l'animalité a repris le dessus, qu'il s'est mué, à certains égards, en une bête dangereuse, il est clair qu'il ne comprendra d'abord que le langage de la contrainte et du dressage de la sanction immédiate, châtiment ou récompense. La contrainte lui est imposée, comme au malade et à l'enfant, pour son propre bien[19].

Ainsi la pédagogie qui convient à l'Africain sera marquée par la fermeté et inculquera l'obéissance et la reconnaissance. La fermeté car celle-ci est nécessaire pour dompter l'animal en lui ; pour obtenir une obéissance qui ne saurait être l'adhésion d'une volonté raisonnable. L'autre vertu nécessaire s'appelle gratitude. Les Africains devront reconnaitre ce qu'ont fait pour eux, ceux à qui il coûte de s'expatrier et de se mettre à leur service en des conditions si adverses. Cette reconnaissance doit s'étendre aux parents des missionnaires qui ont consenti généreusement à leur exil. En définitive, la foi dans ce

[19] E. Boulaga, *op.cit.*, p. 26.

contexte ne requiert ni liberté, ni compréhension, puisqu'on a affaire à des êtres mineurs, dégradés et à des instruments des forces du mal. Etant donné que la contrainte est permise, voire recommandée. Nous pouvons donc dire que la foi du colonisé est un effet de domination, une foi sous tutelle et par procuration[20]. Elle est le crédit qu'il fait au missionnaire et au colonisateur sur la base de leur prestige et de leur supériorité.

1.3. Les fondements du pouvoir d'extirper

L'extirpation est la négation de l'espace vécu du païen pour lui en substituer un autre, plus abstrait ou totalement imaginaire. L'espace est articulation. C'est donc une désorientation par suppression de repères et désarticulation. L'espace païen est donc irréel et celui-ci n'a de passé que d'égarement et de recherche désespérée de la délivrance.[21] Les fondements du pouvoir d'extirper résident essentiellement dans l'espace et le temps. En effet, « le culte des idoles est le principe, la cause et la fin de tout mal »[22]. Cette maxime sera reprise par l'entreprise missionnaire : l'existence païenne s'explique en dernière instance par l'idolâtrie, à laquelle se réduisent toutes ses manifestations[23]. Car le mode de vie traditionnel africain est interprété comme paganisme. Cela se traduit par son infidélité due à l'ignorance et la méconnaissance du vrai Dieu qui s'est révélé lui-même. Cette infidélité est la vie mauvaise et la déchéance de l'être Africain. Ce qui justifie cet état de chose est sans aucun doute l'absence de la compréhension correcte de Dieu tel qu'il est, conduisant à la dégradation de l'homme.

Par ailleurs, l'homme qui perd la perception de « valeurs » perd aussi celle de celui qui les fonde ou mieux de celui qui les prescrit. La proposition converse est également vraie : qui nie implicitement ou explicitement, la

[20] E. Boulaga, *op.cit.*, p. 28.
[21] E. Boulaga, *op.cit.*, p. 30.
[22] Sagesse 14, 27.
[23] E. Boulaga, *op.cit.*, p. 29.

véritable nature de Dieu devient la proie des passions et des vices. Il s'ensuit que le paganisme n'est pas un pur état de fait, une sorte de manque à gagner. Il est un état de culpabilité, de rébellion contre Dieu, de déchéance au- dessus du seuil de l'humanité. Du coup, ne pas adorer correctement Dieu, c'est forcément recourir à des substituts et à des simulacres. L'idolâtrie, le fétichisme, l'animisme sont les formes nécessaires et les figures concrètes de l'erreur. La vie est faite pour être simplement et raisonnement vécue, non pour être hypocritement déclarée étant ce qu'elle n'est pas et ne sera jamais. Eboussi Boulaga parle de « dénigrement de l'homme et de refus de la réalité »[24], car on a l'impression que pour faire advenir Dieu dans la vie des convertis, il faut d'abord détruire les convertis eux-mêmes. La mémorisation du contenu de l'orthodoxie passe avant l'intelligence de la foi. Le refus de la réalité, l'élimination du converti lui-même et la mémorisation béate sont autant de réalités qui créent un malaise profond dans le cœur du converti. Tout en lui prêchant la liberté et l'égalité des fils de Dieu, le missionnaire l'oblige à renoncer à la responsabilité de sa foi. Il devient comme un grand enfant pour lequel le missionnaire doit tout décider et tout penser. S'il résiste à un tel asservissement, c'est que l'orthodoxie de sa foi même est à questionner et l'exposerait par le fait même à une excommunication impitoyable[25]. Le Christianisme fut utilisé comme une arme efficace pour le « bien » des colonisés, c'est-à dire comme un moyen pour leur apporter la civilisation en luttant contre les pratiques religieuses et sociales traditionnelles.

En effet, la mission, qui se laisse absorber par un gigantesque effort de sacramentalisation, se confond avec la lutte contre la sorcellerie et la polygamie, deux phénomènes considérés comme les traits particuliers des sociétés inférieures et « païennes ». Or, la discrétion des missionnaires pour les gouvernements coloniaux montre que l'Evangile vécu dans l'histoire n'est pas

[24] E. Boulaga, *op.cit.*, p. 33.
[25] E. Boulaga, *op.cit.*, p. 39.

neutre. Sur le terrain, la collusion de la foi avec le capital a constitué le malheur de l'Afrique dans les temps modernes. Eboussi nous le démontre en ces termes :

> Ce qui est scandaleux, c'est que religion dominante, il crée des pauvres afin de les évangéliser et qu'il se présente comme moyen de promotion humaine, plus exactement de promotion à l'humanité. Du coup la foi est frappée d'équivoque. Elle sera de l'ordre des moyens. En tant que moyen, elle sera jugée selon les critères d'efficacité et de productivité, à sa capacité à faire accéder à la jouissance des bienfaits de la colonisation[26].

Certes, on a baptisé des tribus, et dans beaucoup de régions, le Christianisme s'est implanté, si du moins l'on mesure l'effort entrepris par des œuvres florissantes et des institutions puissantes. Jean Marc ELA se prononce sur la question quand il écrit :

> S'il fallait attendre la disparition de ces religions pour voir les peuples africains échapper à la misère et à l'oppression, il semble bien que le temps n'est pas encore venu. Or ce qui doit être mis en question, c'est précisément, la question de savoir si les religions africaines sont un obstacle au progrès de l'homme en Afrique Noire. On entend dire parfois qu'il n'y a rien à faire avec ces gens tant qu'ils restent accrochés à leurs vielles croyances et pratiques religieuses.[27]

Il ne manque pas de théoriciens africains pour condamner à une mort prochaine ces religions qu'ils considèrent comme un foyer d'obscurantisme et de régression. Soulignons l'étrangeté de ces préjugés dans un contexte où les institutions missionnaires et caritatives, comme les leaders nationalistes, se veulent les champions du développement. Le volontarisme constitue l'essence de la foi, car il faut sans cesse récuser le témoignage des sens, l'évidence de son être dans le monde. Il faut tenir pour rien la vie et n'estimer que ce qui est rattaché à la tension de l'âme. En revanche, récuser le témoignage des sens et l'évidence de son être dans le monde serait sans doute énigmatique pour l'homme africain, car celui-ci est substantiellement relié à son terroir. Sa dimension religieuse ne lui demande pas cet effort d'extraction du monde. En

[26] E. Boulaga, *op.cit.*, p. 32.
[27] J.-M. ELA, *op.cit.*, p. 57.

effet, par son genre de vie, par l'accomplissement de tel rôle dans la société, par son appartenance à telle classe, l'Homme africain constituait la trame de la religion de son existence. Il n'est pas alors de l'apanage de l'Africain de concentrer le divin dans une terre sainte, dans un livre sacré ou dans une personne qu'on ne peut voir ni atteindre. Mais quand de telles superstitions dogmatiques arrivent à lui être imposées il sentira fort bien la nécessité de faire recours à la religion des ancêtres qui lui paraîtra toujours essentielle. Malheureusement, il ne pourra le faire que de façon clandestine, car cette réappropriation est honteuse au regard des autres. Dès lors, « il aura une vie double et une double vie. »[28]

[28] E. Boulaga, *op.cit.*, p. 33.

CHAPITRE II : CHRISTIANISME EN AFRIQUE ET EXCLUSION SOCIALE

Dans ce deuxième chapitre, nous aborderons la manière dont le Christianisme, par son irruption dans le terroir africain, a rendu effective l'exclusion sociale de l'être religieux africain. Nous mettrons en exergue le mode persuasif et la subtilité du discours missionnaire qui est apparu comme un glaive de feu, arrachant le christianisé à sa tradition, à ses croyances originelles, à son genre de vie et à sa vision du monde déclaré mauvais et diabolique.

2.1. La force du discours missionnaire

Le discours missionnaire présente le Christianisme comme histoire, rationalité et puissance.[29]Les procédés et arguments du Christianisme se retournent contre lui-même. Défié, le Dieu chrétien reste aussi muet que les dieux païens dont les missionnaires ont renversé les autels. Présenté comme le meilleur moyen d'accéder à l'humanité, le Christianisme n'a pas tenu sa promesse de procurer aux Africains « les bienfaits de la civilisation »[30]. Les nègres baptisés sont toujours méprisés et exploités. Cherchant ailleurs des moyens de libération plus efficaces, ils s'éloignent des églises.

D'un autre côté, les événements historiques sur lesquels le Christianisme prétend fonder sa supériorité sont des mythes comme on en trouve dans les autres religions. « Pourquoi appeler histoire, ce que tout le monde appelle mythologie et que l'on appelle soi-même de ce nom quand on le trouve chez autrui ?»[31].Le mythe transformé en histoire pour prouver la vérité du Christianisme conduit au fétichisme et à l'idolâtrie qu'on dénonce chez les autres, étant donné qu'on localise Dieu dans les personnages. Le Christianisme ne peut retrouver la crédibilité qu'en acceptant de se comprendre dans la

[29] E. M. Metogo, *Dieu peut-il mourir en Afrique* ?, Paris, Karthala, 1997, p. 220.
[30]*Idem.*
[31] E. M. Metogo, *op.cit*. p.221.

dimension du mythe et du symbole. Il devient alors clair que les notions de « révélation » et de parole de Dieu sont des métaphores, des images qui ne nous livrent aucun savoir immédiat sur Dieu car selon la doctrine chrétienne la plus assurée « de Dieu nous savons qu'il est, mais non ce qu'il est ».[32]Prétendre savoir qui est Dieu, ce qu'il veut et ce qu'il fait, est un principe de violence culturelle et politique. L'acceptation du mythe permet de sauvegarder le mystère de Dieu tout en affirmant sa présence et en montrant les implications concrètes de l'engagement à la suite du Christ. Eboussi Boulaga relit l'Evangile à partir du principe formatif de la spiritualité africaine selon lequel « il est possible d'avoir son identité dans un autre que soi-même »[33]. Le seul signe tangible que nous ayons de la résurrection de Jésus, c'est la communauté des disciples qui en témoignent. Jésus est vivant parce qu'une communauté - l'Eglise - continue à faire mémoire de lui et à vivre de son esprit. En d'autres termes, Jésus est mort pour renaître comme Christ et Seigneur, comme vie de la communauté, pour être en forme de communauté[34] .

Le discours ne fait que manifester sa nature articulatoire. Le discours missionnaire se distingue par son historicité, ses catégories, c'est-à-dire des points de vue selon lesquels il faut envisager son objet pour le saisir comme organisme de liaisons intelligibles. Ces organismes sont constitués aux moyens des évènements typiques de l'histoire biblique. Le discours encore appelé *logo*s est considéré comme le langage. Ainsi, celui du missionnaire est un langage dogmatique qui est celui de la révélation des catégories bibliques réélaborées à l'aide de la philosophie. Ceci pour en préserver l'esprit de discussions hérétiques et en assurer une transmission intégrale.[35]

[32]*Idem.*
[33] E. M. Metogo, *op.cit.*, p. 220.
[34] E. M. Metogo, *op.cit.*, p. 221.
[35]E. Boulaga, *op.cit.*, p. 38.

En effet, la pratique missionnaire remodèle le temps et l'espace social par les rites et les œuvres. Le discours explique le sens de ces changements. En usant contre la religion de l'autre de la réfutation dialectique et formelle, de la réduction idéologique, de l'explication historicisante ou matérialiste, le Christianisme appelle la rétorsion, c'est-à-dire le retournement de ce genre de critique contre lui-même. Il rétrécit sa propre compréhension de soi en s'identifiant à la raison et à l'histoire. La logique formelle et l'ontologie ont été mises à contribution contre les croyances indigènes. On exhibait leurs incohérences. Cependant, la métaphysique qui sert d'infrastructure au discours missionnaire sur la révélation, la raison naturelle que celle-ci présuppose iront sans dire pour l'évangélisateur. Ainsi, la réfutation sera purement formelle. Elle jettera dans le désarroi, comme la sophistique qui bouscule le « bon sens »[36], le ridiculise, mais ne le convainc ni ne le persuade. L'argumentation missionnaire en elle-même sera l'art d'avoir raison contre la raison du néophyte en lui imposant tous les termes de la discussion, les questions et les réponses. Elle s'inclinera devant ce qui a réfuté son mode de vie, non pas en paroles, mais en réalité, par des organismes, équipements et techniques efficaces.

2.2. L'aliénation de l'être religieux africain

Etymologiquement, « aliénation » vient d'*alienus* qui veut dire « étranger ». De ce fait, nous pouvons dire que le Christianisme, avec son avènement sur le terroir de l'homme africain, l'a rendu étranger à lui-même. Cette aliénation traduit le règne de l'hétéronomie qui est le règne par excellence de la violence. L'aliénation s'oppose donc à l'autonomie, qui constitue la situation recherchée par tout homme et surtout par l'homme concret africain. En réalité, l'aliénation est une situation où l'homme cesse d'être autonome. Ce qui veut dire qu'elle suppose aussi domination, servitude, asservissement, esclavage, absence de liberté et de capacité de penser par soi-même. Ainsi,

[36] E. Boulaga, *op.cit.*, p. 53.

selon Eboussi Boulaga, la croyance aliénée prenait son essor en abandonnant le socle du savoir et du pouvoir.

En effet, la pratique et le discours missionnaire se fondent sur l'urgence de délivrer les Africains au paganisme qui est à la fois un état de culpabilité et de déchéance. L'ignorance du vrai Dieu va de pair avec le sous-développement, l'immoralité et la misère matérielle. Ceux qu'on christianise doivent être arrachés à leurs traditions, à leur genre de vie et à leur vision du monde déclarés mauvais diaboliques[37]. Il en résulte une croyance aliénée, un Christianisme de surface, occupé des préoccupations concrètes et biens terrestres des néophytes. Beaucoup reviennent à leurs anciennes croyances tournant le dos à une religion de la transcendance de Dieu et de la culpabilité de l'homme qui n'aide pas à résoudre les problèmes de la vie quotidienne[38]. Eboussi Boulaga donne priorité à la critique idéologique, pragmatique car elle part de la situation du *muntu*. Si le discours n'est pas en harmonie avec la situation du *muntu*, il devient anachronisme.

En effet, l'anthropologie que revendique Eboussi Boulaga, n'est pas une anthropologie qui part de l'homme abstrait, de l'homme universel, c'est-à-dire la nature humaine universelle à partir de laquelle on évalue l'homme concret. Nous sommes donc en face d'une anthropologie singulière, c'est-à-dire une anthropologie qui part de l'homme particulier.

Eboussi Boulaga s'oppose aussi à l'anthropologie des philosophes des Lumières notamment Kant, parce que l'anthropologie kantienne est dominée par l'homme abstrait, c'est-à-dire l'être raisonnable, au-delà des situations particulières. Alors que l'anthropologie revendiquée par Eboussi Boulaga veut saisir l'homme par des situations particulières. En cela, il se rapproche de la philosophie de

[37] E. M. Metogo, *op.cit.,* p. 220.
[38]*Idem.*

Karl Marx, ce dernier qui veut saisir l'homme en situation et pour qui la religion serait « l'opium du peuple »[39]. Autrement dit, dans l'histoire contemporaine, la pratique religieuse, en Afrique Noire, dénonce toute prétention qui consiste à faire la critique de la religion, le point de départ de toute critique de l'économie et de la politique. Dans la mesure où la religion était le domaine où la domination occidentale était destinée à devenir le support de toute contestation de la colonisation. Pour s'en convaincre, il suffirait d'examiner le poids et le rôle des messianismes religieux dans l'histoire du nationalisme en Afrique. On ne peut se contenter de reporter sur les religions africaines les analyses de Marx sur le Christianisme européen au XIXème siècle. Non seulement ces analyses « datent »[40] mais elles portent la marque d'un ethnocentrisme auquel le marxisme n'échappe pas.

En revanche, en s'intéressant à l'homme concret africain, l'anthropologie Eboussienne analyse la situation de celui-ci qu'il traite d'aliénation. Elle peut être la proie de l'imaginaire, quand la célébration devient une simple parenthèse dans la vie courante, une évasion qui ne donne pas le courage et le goût d'être à la sortie de la liturgie. Ainsi, la personnalité se noie dans l'émotion collective. Mais après l'effervescence et l'exaltation, il faut revenir à la misère des relations quotidiennes, au régime de la combine, du passe-droit, du mépris de la vie humaine et du dédain de l'esprit. Quel contraste ! Le besoin de s'étourdir se fait exaspérant. La célébration est en passe de devenir un opium, qui libère et console dans l'imaginaire.

Eboussi Boulaga a même parfois des expressions qui peuvent choquer la piété telles : « récupérant ses pouvoirs de se faire et de produire les conditions de son existence, le converti d'hier ne pourra que perdre la foi croyances aliénée».[41] On serait tenté de sauter très vite ici sur l'application de la thèse

[39] J.-M. Ela, *op.cit.*, p. 60.
[40] J.-M. Ela, *op.cit.*, p. 61.
[41]E. M. Metogo, *op.cit.*, p. 220.

d'athéisme à Eboussi Boulaga. Une lecture plus rigoureuse de cette affirmation nous conduit à une appréciation bien différente. En effet, pour lui, Ce que le converti perd ici n'est rien d'autre que la croyance aliénée. L'essence même de la croyance comme acte d'adhésion profonde sur le plan spirituel exclut le concept de l'aliénation. Hors de l'espace de la liberté et de la spontanéité la croyance perd son sens. L'esprit humain rejette naturellement tout ce qui est de l'ordre de l'aliénation une foi qui aliène subit aussi tôt ou tard le même sort. Le Christianisme que veut Eboussi Boulaga exige sacrifices et renonciations. Il implique le refus des compromis qui privilégient les choses et les intérêts. Car la foi a un rapport extrinsèque avec l'amour, entendu comme puissance créatrice d'hommes nouveaux, transcendant les vielles divisions opérées dans la vie concrète. Le zèle pour la foi n'exclut pas le mépris de celui qu'on rallie sous sa bannière, ni l'esclavage ni la discrimination raciale. L'être religieux africain est l'aliénation vivante, car il est étranger à lui-même. Pour cela, la religion telle que venue à nous est dominée par L'occident, mais à travers l'inculturation nous pouvons la déshabiller et l'habiller autrement. Et c'est bien cela que préconise Eboussi Boulaga à l'instar de bons nombres de philosophes africains. Alors, qu'en est –il de l'individualisme chez l'être religieux africain ?

2.3. L'individualisme chez l'être religieux africain

Pour les hommes politiques français du XIXème siècle tout comme pour les intellectuels, l'individualisme est une expression récente qu'une idée nouvelle a fait naître. Nos pères ne connaissaient que l'égoïsme. « L'individualisme apparaît comme la forme sociale générale de ce qu'on appelle la concurrence en économie et l'égoïsme en morale. »[42]

De même, dans la religion et dans la démocratie, Balzac décrit de manière négative le changement de paradigme de l'individualisme contemporain.

[42]C. Audard, *Qu'est-ce que le libéralisme? Ethique, Politique, Société*, Paris, Gallimard, 2009, p. 36.

Balzac, lui, exprimait des sentiments similaires quand il écrivait que la nation ne fait plus corps que par les ignobles soudures de l'intérêt matériel, par les commandements du culte qui crée l'égoïsme bien entendu[43].Alors, confondant volontairement l'utilitarisme et le libéralisme, Marx comme Joseph de Maistre touche l'imagination populaire en diabolisant l'individualisme comme source de tous les problèmes contemporains. Il dénonce par ailleurs la prétendue harmonie des intérêts due à l'intervention mystérieuse de la main invisible.

L'illusion du libéralisme consisterait à croire en une auto-organisation du social à partir des égoïsmes individuels, comme semble le suggérer la célèbre citation d'Adam Smith : « Ce n'est pas de la bienveillance du boucher, du brasseur ou du boulanger que nous attendons notre diner, mais de leur souci de leur intérêt propre»[44]. Ainsi, l'individualisme libéral signifierait l'arrêt de mort des sentiments sociaux et de la morale de la solidarité, de l'amour d'autrui. Mais l'individualisme au sens du despotisme des intérêts particuliers menace de détruire tout le tissu social dans la société libérale moderne.

L'autonomie de la sphère religieuse libère pour le jeu de la compétition en vue de l'enrichissement, pour l'individualisme, pour un autre langage. Plus les idéaux sont élevés, moins ils sont en contact avec la vie quotidienne. Car on les exalte même dans la proportion où l'on veut les exiler des relations du travail, du commerce et de l'industrie. L'abstraction du Christianisme l'ajuste au monde bourgeois. A cet effet, Eboussi écrit que « après l'affirmation hyperbolique de la gratuité, de l'impuissance humaine et du primat de la charité, on revient au domaine du mérite, de l'argent, de la compétition et aux groupes d'intérêts plus réels que les communautés de foi ».[45] Ainsi, le missionnaire participe de cette échelle de valeurs. Et il sera donc prompt à les abandonner

[43] C. Audard, *op.cit.,* p. 37.
[44] *Idem.,*
[45] E. Boulaga, *op.cit.*, p. 62.

pour s'attacher à l'enseignement de la morale, des vertus de respect et du travail. L'éthique qu'il propose ne diffère en rien de l'éthique bourgeoise.

En effet, L'individualisme moderne était présent chez les premiers chrétiens et dans le monde qui les entourait. Mais ce n'est pas exactement l'individualisme qui nous est familier. En réalité, l'ancienne forme et la nouvelle sont séparées par une transformation si radicale et si complexe qu'il n'a pas fallu moins de dix sept siècles d'histoire chrétienne pour la parfaire et peut-être même se poursuit-elle encore de nos jours. Bref, le néophyte rencontre une société où la religion peut fonctionner comme idéologie, qui sert à répandre l'image idéale de soi, qui partage un sacré qui n'engage pas à la communauté des biens matériels. La foi, comme l'être hégélien, sera le concept le plus pauvre, bien qu'il soit dit être premier et être tout, à tel point que dans un rassemblement chrétien donné, on verra les gens s'unir sur la base des « idéologies profanes »[46] plus que leur commune croyance.

Le chrétien est avant tout un individu, une subjectivité close qui s'achève et se perfectionne en elle-même et qui ne soutient que des rapports purement extrinsèques avec la société. Tels sont du moins le but et la représentation qu'il se donne à lui-même et de lui-même. Car la société est le résultat, qui peut devenir volontaire, de l'interaction des individus poursuivant leur réalisation[47]. Aussi les institutions ne sont-elles que des moyens extérieurs à chacun d'eux. En dépit de tout, il y a l'épanouissement de l'individu qui vaut absolument. Tout passera, lui seul demeurera en son individualité immortelle qu'est son âme. La foi vise donc à sauver cette âme et à la pérenniser. Nous avons ici la source des dissociations caractéristiques du Christianisme bourgeois et de ses

[46] E. Boulaga, *op.cit.*, p. 63.
[47] *Idem.*

impasses. Au moment de son triomphe, il érigera ces dissociations en principe et fera de l'individualisme la condition de l'authenticité chrétienne[48].

La première rupture exigée et transformée en condition préalable à l'adhésion de la foi, sera la renonciation au tissu de relations avec les morts et les vivants qui fait de l'homme traditionnel, une personne, un être en-soi avec les autres. Dans les temps modernes, un confessionnalisme et un nationalisme sacralisé seront le retour en force de ce qui a été l'objet de dénégation. L'individu centré sur lui-même, obsédé de sa pérennité, de lui-même, oscillera entre l'affirmation délirante de soi et le sacrifice de soi à des idoles collectives. La foi se confondra avec la certitude ; une manière de s'affecter soi-même en son individualité incommunicable, qui se traduit par la matière et la forme de l'expression communautaire : « cujus regio, ejus religio ». (Chaque région avec sa religion).[49]

Les problèmes de transition se ramènent aux questions suivantes : comment ce qui n'est pas l'individu vient s'ajouter à lui, comment ce qui est étranger peut-il se conjoindre et jusqu'à quel point ? Quel genre d'unité en résulte-t-il ? Quel est l'élément commun, intermédiaire qui permet de passer de l'un à l'autre et quelle est sa nature[50] ? Ces différentes questions nous amènent à poser le rapport de Dieu et de l'homme, de l'homme avec la création, de la loi avec l'Evangile, de la foi avec les sacrements, de la conscience avec l'institution etc. La problématique des ponts est celle de l'individu esseulé, qui ne se pense pas dans son être-ensemble avec les autres et qui ne se contente pas de partir de ce qui est. Car le monde est un et l'homme est un.[51] La prise de conscience de la réalité du pluralisme est rendue possible par la conception de l'individu hors-du monde, tourné vers lui-même et l'univers de sa conscience, en relation

[48] E. Boulaga, *op.cit.*, p .63.
[49] E. Boulaga, *op.cit.*, p. 64.
[50] *Idem.*
[51] E. Boulaga, *op.cit.*, p. 65.

directe avec le divin et convaincu que la foi le sauvera, donc peu enclin à faire des compromis et à négocier les éléments de sa foi.

CHAPITRE III : LE MODELE CHRISTIQUE

Après avoir présenté le Christianisme comme une institution qui, à l'encontre de ce à quoi on s'attendait, a occasionné par son enracinement sur le sol africain, l'aliénation de l'être africain religieux à travers un discours persuasif dont le mode subtil a favorisé une totale exclusion sociale du converti ; il nous paraît impérieux dans le présent chapitre de situer le destin de l'Africain qui semble avoir perdu les pédales entre ses propres racines culturelles et son système religieux ancestral. A cet effet, nous mettrons en lumière le modèle christique proposé par Eboussi Boulaga dans le but de recentrer et d'orienter de nouveau l'Africain sur le plan socioculturel et religieux.

3.1. La sortie de la croyance aliénée

Sortir de la croyance aliénée, c'est éprouver la puissance transfigurante du Christ comme étant en amont des dogmes. Ceux-ci, tout en ayant une cohérence et une consistance propres, ne constituent pas une structure close sur elle-même. La foi commence sans doute par une expérience individuelle et collective de l'« au-delà de tout » qui dépasse le on-dit et le ouï-dire missionnaires : « ce n'est pas sur tes dires que nous croyons ; nous l'avons entendu nous-mêmes et nous savons que c'est vraiment lui le sauveur »[52]. De telles paroles se prononcent du milieu de son expérience et de sa situation, ces « Ecritures »[53] de chaque formation et de chaque moment historiques et culturels conformément auxquelles le Christ doit chaque fois à nouveau être crucifié, mourir et ressusciter. Alors l'on passe d'une croyance étrangère à une écoute et à un savoir propres.

Comment prétendre qu'on est le peuple élu, lorsqu'on est parfois une minorité « odieuse », mal intégrée à la « civilisation » quand on est une nation

[52] E. Boulaga, *op.cit.*, p. 87.
[53] *Idem*

colonisée et assujettie ? Comment se redéfinir, préserver son identité, sa « mission ou sa vocation », sans mettre en péril sa survie biologique[54] ? Ces questions nous permettront de répondre à la problématique de la sortie d'une croyance aliénée.

En effet, nous ne pouvons nous rapporter à Dieu qu'à travers les méditations et les processus qui nous situent véritablement dans une relation filiale avec lui. Après une période de l'histoire des missions où l'Eglise s'est compromise avec les puissances de l'argent organisant l'échange inégal, l'incarnation du Christianisme en Afrique doit être interrogée en profondeur dans la perspective des pauvres et des opprimés. Dès lors, l'Eglise n'a de sens que si elle devient le lieu où se fait entendre le cri de l'homme à la suite de Jésus-Christ qui réactualise les gestes du Dieu de l'Exode. Nous devons bien nous rendre compte, dans l'Eglise, que -toutes les stratégies d'assistance laissent entière la question radicale des mécanismes qui engendrent et perpétuent la pauvreté et la misère. La création et la gestion des œuvres de charité risquent aujourd'hui de soulager la conscience de l'Eglise en lui fermant les yeux et les oreilles sur les rapports sociaux aliénants. Or, il semble que tout est à faire pour que l'Eglise donne des instruments d'analyse de situation présente, qu'elle apprenne à lire ce qu'elle fait à la lumière de l'Evangile. Ce qui urge, c'est la nécessité de déchiffrer le sens de notre histoire en relation avec les efforts de nos peuples pour constituer un nouvel avenir différent du passé colonial et du présent néocolonial.

L'homme africain doit, lui aussi, renaître individuellement et collectivement. La culture africaine que l'on extrait des données ethnologiques et qu'on se propose de défendre et d'entretenir comme notre héritage inaliénable, l'expression de notre continuité et de notre identité humaine est une abstraction exsangue. On la compose au moyen d'éléments arrachés à la totalité

[54]E. Boulaga, *Op.cit,* p. 91.

systématique où ils fonctionnaient ; ainsi qu'aux situations et au contexte historique où ils étaient opérants et pertinents. A cet effet, Jean Marc Ela soutient que si l'affirmation de l'authenticité ne provoque pas l'évanouissement instantané de notre misère coloniale réelle, l'effort pour nous retrouver nous-mêmes passe par l'effort de désaliénation des masses qui n'ont jamais rompu avec les traditions du passé.[55] Ainsi la mystification de l'authenticité s'analyse comme le langage théorique d'une bourgeoisie locale qui tend à masquer l'aliénation des masses pour profiter des maigres ressources de l'appareil néo-colonial. Dès lors, il faut « mourir à soi »[56] pour se retrouver, car l'affirmation de soi passe par la négation de soi qui nécessite un dépassement continu, mouvement même de la liberté.

Face aux défis qui obligent l'homme africain à retrouver sa dignité et sa créativité dans l'histoire en train de se faire, on voit l'urgence d'une théologie de la dissidence. Elle permettra aux chrétiens et à l'Eglise de mettre en lumière la crédibilité du message chrétien à partir des situations d'exploitation et d'exclusion qui sont une blessure profonde au flanc de l'humanité contemporaine[57]. De nouvelles tâches s'imposent aux communautés chrétiennes locales face à l'aggravation des mécanismes de paupérisation et d'oppression dans les pays où le sang de nombreuses victimes crie vers le ciel. Pour rendre compte de l'espérance qui est en nous et du potentiel subversif de l'Evangile de Jésus de Nazareth, le moment est venu de nous mettre au devoir de désobéissance et de résistance contre tout ce qui détruit et avilit l'être humain en Afrique.

[55] J.-M. Ela, *op.cit.*, p. 154.

[56] Cette expression utilisée par Jean-Marc Ela signifie, qu'il faut que l'homme Africain fasse un grand sacrifice afin de retrouver son identité originelle. « Mourir à soi » serait donc accepter de perdre quelque chose pour davantage se retrouver.

[57] J.-M. Ela, *Repenser la théologie africaine*, Paris, Karthala, 2003, p. 239.

Dans la mesure où, selon la formule célèbre de Saint Jean-Paul II, « l'homme est la route fondamentale de l'Eglise »[58], il nous faut désormais assumer le sort des millions d'hommes et de femmes en vue de réactualiser la mission libératrice de Jésus-Christ dans l'aujourd'hui de notre histoire. A partir des clameurs qui montent des pays d'Afrique où Dieu lui-même, en son Serviteur Jésus, le Christ, est écrasé, bafoué et objet de mépris[59], nous devons sauver le Christianisme de l'auto-perversion qui le guette au sein des Eglises baroques sans cesse tentées de reproduire l'attitude du prêtre et du lévite de la parabole[60].

3.2. L'actualisation du message chrétien

Le Christ, a aimé ce monde et y a travaillé pour l'épanouissement de la vie. Comme le signifient bien Gérard et Lefebvre, il « ne nous en dort pas dans un mysticisme facile qui nous fait attendre des miracles mais, il nous appelle à l'action libératrice »[61]. Dans notre existence, il a vécu le plus simplement possible, dans la plus ordinaire des vies possibles. Il n'eut aucunement la prétention de venir bouleverser l'ordre établi par son père et dans lequel vivait l'humanité depuis la création. Il voulut tout simplement transfigurer en y ajoutant un grain de levain pour faire la pâte et germer le Règne de Dieu d'ici-bas. A ce propos Eboussi Boulaga souligne que :

> Jésus accomplit des gestes, pose des actes qui effectuent les inversions et ces transgressions. Il mange avec les pécheurs : leur compagnie n'est pas souillure, ils sont aussi fils d'Abraham, le salut pénètre aussi chez eux, ils sont plus proches du royaume que beaucoup de saints[62].

C'est ainsi qu'on traitait Jésus d'ivrogne et de glouton parce qu'il refusait de s'adonner à une vie extraordinaire comme Jean le Baptiste, mais lui seul avait le secret de l'édification du règne de Dieu désormais si proche de l'humanité.

[58] *Idem.*
[59]Isaïe 53, 3.
[60]Luc 10,29-37.
[61] S. Gerard et P. Lefebvre, *Entrer en liberté*, Kinshasa, l'Epiphanie, 1985, p.19.
[62] E. Boulaga, *op.cit.*, p.106.

Jésus nous le fait découvrir comme l'humilité de la plus ordinaire des vies dans laquelle l'on permet à Dieu de faire son œuvre. C'est à cela que le Chrétien africain est invité aujourd'hui. C'est aussi ici le sens de l'ecclésiologie du Vatican pour l'Afrique : Inventer une nouvelle forme de vie chrétienne, dans laquelle Dieu rencontre réellement ses fils pour transfigurer leur histoire. Jésus nous révèle la plénitude de nous-mêmes. Il nous révèle notre propre histoire qui doit se faire obéissance et docilité à l'action de Dieu pour le renouvellement personnel et le renouveau de la société. Eboussi Boulaga pense que la personne implique la société et celle-là la société particulière ne se justifie qu'en se dépassant, en se mettant en perspective mondiale et dans celle de la fin de l'histoire.

En effet, la vraie mission du chrétien africain est d'accomplir la volonté de Dieu qui vaut plus que tout autre chose. La volonté de Dieu ne peut être autre que l'épanouissement de son Règne dans le quotidien de la vie de l'homme. Ceci exige des efforts continus afin d'intégrer l'Evangile dans ses mentalités mœurs, afin que l'Evangile devienne chez lui ; principe de vie et d'action. Moltman avait déjà montré que l'Evangile du Christ, parole libératrice qui vient de Dieu est déjà, dès ici-bas, « l'épiphanie de la puissance eschatologique de Dieu.[63] » En tant que tel, c'est aux chrétiens de manifester au monde ce que l'Evangile a fait d'eux, ce qu'ils sont devenus par l'Evangile, ce qu'ils font de l'Evangile et ce qu'est devenu l'Evangile pour eux. On ne peut pas vivre l'Evangile ou de l'Evangile sans que ne révèle sa capacité à produire des faits nouveaux et changer la vie. Car l'Evangile pleinement vécu est fondamentalement la rencontre d'une personne, et mieux la configuration à une personne : le Christ, verbe de vie incarné. Son incidence sur l'ordre temporel est naturellement incontournable. Pour la cause du Règne de Dieu, les Chrétiens, devenus porteurs de ce verbe dans leur être, doivent l'aider à assurer et assumer

[63] J. Moltmann, *L'Eglise dans la force de l'Esprit, une contribution à l'ecclésiologie moderne*, Paris, Cerf, 1980, p. 294.

l'aventure et le destin de toute l'humanité. Ainsi, ils révèleront la dimension prophétique de leur mission dans toute sa splendeur à l'instar du Maître qui dénonce le mal et l'iniquité et agit en faveur des oubliés de la terre pour leur redonner l'espoir. Dans leur quotidien, les chrétiens africains doivent créer la vie, libérer l'affligé et semer l'espérance pour ceux qui sont en proie à la déception et au désespoir. L'enjeu fondamental est de faire de l'étendue de la terre un espace vraiment habitable. L'Eglise d'Afrique se trouve donc devant une alternative ; prise dans les mutations de la société africaine. Un fait est clair : si l'Eglise veut apporter l'Evangile à l'Afrique d'aujourd'hui, elle doit se risquer à poser des questions radicales, et d'abord celle de sa propre mutation et de sa réforme au nom de l'Evangile. C'est cela qui lui permettra de répondre aux problèmes et aux aspirations de l'Afrique en devenir. Dans le contexte actuel, ces réponses sont possibles à une condition qui nous paraît capitale : l'autonomie des Eglises locales.

3.3. Le message chrétien : modèle de restructuration de soi

Il faut avant tout, dire que dire que le terme message risque d'égarer s'il donne à entendre un enseignement, une doctrine un corps de vérités à croire. Le message nous a été livré sous la forme d'une action créatrice. Ici le message est la description d'un agir, de la réalisation d'une destinée. En effet, Eboussi Boulaga estime qu'il n'est pas paradoxal de présenter comme action et ouvre ce que la plupart appellent la doctrine et l'enseignement. Car nous remarquons bien que ce que Jésus dit, il le fait d'abord. La doctrine est la formule d'une opération, d'un travail sur soi sur les autres, pour donner au principe d'illimitation une opératrice dans un monde infini[64].

Par ailleurs, Eboussi Boulaga souligne que « Quand Dieu est réel, l'homme ne se trouve pas devant la face à face de la vision, mais devant la seule image qui puisse le représenter devant soi-même comme responsabilité,

[64] E. Boulaga, *op.cit.*, p. 104.

parole »[65]. Ainsi, parole et responsabilité sont la représentation active et réelle de Dieu comme reconnaissance et engagement de la confession de foi.

La filiation du nouveau ne se situe pas en arrière de lui, mais au devant de lui. Il est contemporain actif de son engagement : il est fils au terme ou au centre d'une démarche de libération, dans et par le processus par lequel il se constitue image de Dieu, où Dieu advient en lui en représentation. Car une spiritualité chrétienne authentique passe de façon incontournable par la conversion personnelle[66]. Elle s'enracine dans une expérience ecclésiale d'imitation du Christ Seigneur et de service réel de ses frères. Si l'expérience spirituelle perd la dimension ecclésiale et communautaire pour se résumer en forme de religiosité privée, elle devient douteuse et appelle à un discernement rigoureux des pasteurs du peuple de Dieu. Aucune relation sérieuse à Dieu ne peut s'instaurer en dehors de la relation aux autres et au monde. La relation franche et sincère à Dieu doit être d'abord horizontale et relationnelle avant d'être verticale ou théologale. C'est pourquoi en Afrique aujourd'hui, l'Eglise doit penser sa foi en fonction des défis réels du continent. Autrement le vécu des fidèles sera déconnecté de la réalité. Les communautés charismatiques, même ferventes, mais déracinées des aspirations légitimes de l'homme africain ont besoin de suivis particuliers, surtout quand elles font rêver beaucoup de jeunes gens pleins de vie, mais s'abandonnant à une forme de résignation médiocre. Il faut aujourd'hui apprendre aux jeunes gens à se battre pour leur propre épanouissement au lieu de rêver aux miracles et aux exploits providentiels sans efforts personnels. L'activisme n'est certes pas la seule dimension de l'homme, mais la contemplation sans efforts de conformation aux besoins du temps et du milieu rejoint l'illuminisme le plus médiocre des temps modernes. Les baptisés ont donc à faire découvrir au monde qu'ils sont des êtres nouveaux dans le Christ, appelés à transformer le monde et « que la volonté de

[65] E. Boulaga, *op.cit.*, p. 107.
[66] E. Boulaga, *op.cit.*, p. 108.

transformer le monde suppose une transformation de la volonté et de l'attitude de l'homme à l'égard du monde et de son avenir.[67] »

La terre africaine ne peut pas devenir réellement habitable comme l'entendrait l'Evangile à l'intérieur de ce vaste empire de violences mesquines, de systèmes politiques couvant le tribalisme, le régionalisme, l'ethnocentrisme, la corruption, la tricherie et la haine. La configuration du baptisé au Christ doit laisser éclore son génie créateur de valeurs de vie. Ces valeurs, aussi multiple soient-elles, pourraient se résumer dans les notions du devoir et du bien commun. Le sens du civisme et de la loyauté, le sens de la solidarité et de l'entraide franche, ainsi que la fuite de toute forme de médiocrité sont vivement souhaités de la part du baptisé. A cause du baptême, personne ne doit se sentir en marge du devoir de relever les défis du continent. Tout chrétien doit pouvoir être témoin du Christ au quotidien. La communauté exigeant l'amour des uns et des autres doit être telle que les hommes qui en font partie soient aptes à la confession de foi. Cela suppose la libération de la contrainte physique et spirituelle, et cette disponibilité passe par le dépassement de soi en même temps que privation de soi aux conditions véritables des réalités mondaines[68]. Ainsi, par exemple, pour dire qu'on aime Dieu qu'on ne voit pas, il faut que celui-ci ne soit pas le meilleur moyen de nous affecter nous-mêmes, de rechercher la paix, de nous fuir ou de nous affirmer. Il doit être voulu pour lui-même comme amour de celui vers qui nous nous tournons tout comme nous nous le faisons. C'est en Jésus qu'on trouve la mesure de cet amour du pardon, en sa miséricorde qui prend soin des petits, qui fait tomber de la pluie sur les justes comme les injustes, qui est prêt à donner de « bonnes choses »[69] et à veiller jusque sur les moineaux et les lys des champs. C'est sur ce modèle de gratuité et de la libéralité qu'il convient de construire une société qui ne soit pas fondée sur

[67] E. Weil, cité par M. Hegba, *Afrique de la foi Afrique de la raison*, Paris, Karthala, 1995, p. 79.
[68] E. Boulaga, *op.cit.,* p. 110.
[69] E. Boulaga, *op.cit.,* p. 112.

la dette mais sur la solvabilité permanente, grâce à l'échange, à la communication, à la création collective[70]. C'est de la tradition juive que Jésus tire ses modèles, ses images, ses arguments. Il invite Israël à se ressourcer en soi-même, à écouter Moise à nouveau et les prophètes. En un sens tout est déjà dans les Ecritures. « Aimer Dieu de tout son cœur, de toutes ses forces et le prochain comme soi-même ». La Bonne Nouvelle, c'est la tradition comprise et reconquise sur l'oubli, la routine, le conformisme et les trahisons. C'est la tradition retrouvée comme spontanéité constitutive et source jaillissante. « Je n'ai été envoyé que pour les brebis perdus de la maison d'Israël »[71]. C'est à cette société et uniquement à elle que Jésus destine son message de restructuration. L'universalité est alors réalisée dans l'histoire.

[70]E. Boulaga, *op.cit.*, p. 112.
[71]E. Boulaga, *op.cit.*, p. 114.

CONCLUSION

Le problème qui a été examiné dans ce travail est celui de la domination religieuse comme facteur conduisant le sujet à s'évader de lui-même et à perdre l'appui de son monde et de sa réalité concrète en se retirant du tissu social. Notons que la domination symbolique qui résulte du monopole du langage absolument vrai et divin est telle qu'elle peut provoquer la paralysie de l'âme et l'aliénation la plus totale de l'esprit. Ainsi, la religion de la civilisation dominante est à toute époque la religion supérieure indépendante de la puissance de cette civilisation ; elle est aussi l'expression des conditions matérielles absolument dominantes[72]. Le Christianisme ne saurait ôter son autodétermination à l'homme africain. Pour atteindre notre objectif, nous nous sommes basés sur l'approche de Fabien Eboussi Boulaga un chrétien philosophe et théologien du XXème siècle qui interroge le discours de sa foi à partir de sa situation d'Africain.

En effet, dans le premier chapitre de notre travail de recherche, nous avons abordé la foi comme une orthodoxie autoritaire. Nous sommes partis d'abord de l'essence du Christianisme qui est généralement conçu comme une religion fondée sur la personne et l'enseignement de Jésus-Christ. Ensuite, nous avons mis en exergue les raisons de la domination du Christianisme en Afrique, ce qui nous a permis de retracer l'historique de l'implantation du Christianisme dans l'empire romain, ainsi que le passage du paganisme au Christianisme en Afrique. Enfin, dans ce parcours analytique, nous avons ressorti les fondements du pouvoir d'extirper. De tout cela, il ressort que le Christianisme, en devenant une religion de l'empire romain au XXème siècle, sert désormais à justifier un ordre politique autoritaire qui s'exerce au nom de Dieu. Eboussi Boulaga dira que christianiser signifierait humaniser, civiliser l'homme dégradé en le domptant et en l'élevant progressivement. Voilà pourquoi l'évangélisation ne se

[72] E. Boulaga, *A contretempsl'enjeu de Dieu en Afrique*, Paris, Karthala, 1991, p. 194.

sépare pas de la colonisation. Aussi, le dogme et le rite sont-ils inaltérables dans la mesure où ils disent de manière répétée non seulement l'identité chrétienne, mais expriment aussi l'autorité divine et l'essence définitivement manifestée. De ce fait, la démarche et les méthodes adoptées par le Christianisme, tel qu'implanté en Afrique, portent atteinte à sa crédibilité. Dans ce contexte, la foi du colonisé est un effet de la domination, une foi sous tutelle et par procuration. Cela nous a alors conduit, dans le deuxième chapitre de notre travail, à explorer le Christianisme et l'exclusion sociale.

En effet, le Christianisme introduit en Afrique est lié à l'esprit d'une économie dominante qui se fonde sur l'esclavage et l'exploitation. Ainsi, l'argumentation missionnaire en elle-même repose sur l'art d'avoir raison du néophyte en lui imposant ce qui a discrédité son mode de vie. Dès lors, le Christianisme a été et continue d'être une source d'aliénation pour l'être religieux africain. Et cela est dû au fait que le mode de vie traditionnel des africains est interprété comme du paganisme et par conséquent, il faut, par le biais du Christianisme, lutter contre les pratiques religieuses et sociales traditionnelles. Tout cela a entrainé bien sûr, non seulement l'aliénation de l'être religieux africain, mais l'a aussi conduit à l'individualisme. De fait, Eboussi Boulaga souligne que le chrétien africain en plus d'être aliéné est porté vers l'individualisme, il est centré sur lui-même ; oubliant dans le pire des cas son passé et ses semblables. Toutefois, prenant en compte les apports de la Révélation biblique, il convient de rappeler qu'en parlant du salut en Jésus, le Christianisme ne prêche ni l'évasion ni la soumission et encore moins la domination ; bien au contraire, il nous met au travail et nous convie à l'amour du prochain et au pardon. De là, nous avons abouti au troisième et dernier chapitre, dans lequel nous avons présenté le modèle christique tel qu'il est en réalité du Christianisme et que Eboussi Boulaga présente dans notre ouvrage de référence.

Ce chapitre évoque la sortie de la croyance aliénée, car il faut une libération du *muntu* aliéné afin qu'il retrouve ses propres racines. Pour y parvenir, c'est-à-dire pour sortir de la croyance aliénée, il faut que l'être religieux africain éprouve la puissance transfigurante du Christ en amont des dogmes. Autrement dit, les dogmes, tout en ayant une cohérence et une consistance propres, ne constituent pas une structure close sur elle-même. Ainsi, l'homme africain doit conformer, autant que se peut, son mode de vie à l'Evangile tout en l'actualisant et en l'adaptant à sa situation socioreligieuse. En un mot, il faut une inculturation de l'Evangile en terre africaine ; c'est-à-dire que le Christianisme doit être reçu et réincorporé dans la situation africaine. Car, la vraie mission du chrétien africain est d'accomplir la volonté de Dieu qui vaut plus que tout autre chose. La volonté de Dieu ne peut être autre chose que l'épanouissement de son Règne dans le quotidien de la vie de l'homme. Dès lors, l'annonce de l'Evangile doit avoir pour but d'aider à assurer et assumer l'aventure et le destin de toute l'humanité. Ainsi, les porteurs de l'Evangile sont tenus de révéler la dimension prophétique de leur mission dans toute sa splendeur, à l'instar du Maître (Jésus-Christ) qui dénonce le mal et l'iniquité sans rejeter le pécheur, et agit en faveur des oubliés de la terre pour leur redonner l'espoir. C'est ce qui permettra à l'être religieux africain de répondre aux problèmes et aux aspirations de l'Afrique en devenir. Dans le contexte actuel, ces réponses sont possibles à une condition qui nous paraît capitale : l'autonomie des Eglises locales. De plus, chaque baptisé est invité à faire l'effort de vivre la parole de Dieu au quotidien pour faire avancer l'œuvre de Dieu. Car, la terre africaine ne peut devenir réellement habitable comme l'entendrait l'Evangile à l'intérieur de ce vaste empire de violences mesquines, de systèmes politiques couvant le tribalisme, le régionalisme, l'ethnocentrisme, la corruption, la tricherie, la haine, etc. De même par le baptême, personne ne devrait se sentir en marge du devoir de relever les défis du continent. Tout chrétien doit pouvoir être témoin du Christ au quotidien. La communauté en forme d'amour doit être telle que les hommes qui en font partie soient aptes à la confession de foi. Cela suppose la libération de la contrainte physique et spirituelle, et cette disponibilité passe par le dépassement de soi en même temps que la limitation de soi aux conditions véritables de l'action dans le monde[73]. Le pape Benoît XVI n'affirmait t-il pas justement qu'« un précieux trésor est présent dans l'âme de l'Afrique où je perçois *le poumon spirituel* pour une humanité (…) en crise de foi et d'espérance[74] » ? Il a certes raisons. Mais cela ne sera véritablement possible que si l'être religieux est en accord ou s'il est réconcilié avec lui-même, avec ses semblables et surtout avec ses origines et sa culture. Car, seule une authentique réconciliation engendre une paix durable dans la société, et donc une pratique religieuse et cultuelle épanouie.

Dès lors, « il est temps que le Christianisme cesse d'être le projet des autres sur l'Afrique, pour devenir l'affaire des Africains eux-mêmes[75] ». Fabien Eboussi Boulaga a eu le mérite d'avoir, non seulement pensé et prôné l'autonomie des Eglises locales ; mais aussi d'avoir le premier, en septembre 1977 à Abidjan, proposé et élaboré théologiquement la convocation d'un Concile de l'Eglise catholique en Afrique[76], afin d'orienter les forces spirituelles de l'Eglise en faveur du développement national des peuples noirs. Toutefois, une question se pose : l'autonomie, dans un monde irréversiblement ouvert à l'intrusion des maîtres (les puissants), reste-elle encore possible ? Cette question pourrait faire l'objet d'autres réflexions.

[73] E. Boulaga, *op.cit.,* p. 110.
[74] Benoît XVI, *Africae Munus*, §21.
[75] E. Boulaga, *op.*cit., p. 7.
[76] E. Boulaga, *op.cit.,* p. 9.

BIBLIOGRAPHIE

I. LES SOURCES

1.1 Ecritures Saintes

La Bible de Jérusalem, Paris, Cerf, 1999.

1.2 Magistère

Benoît XVI, *Lettre Encyclique Africae Munus*, 2011.

II. LES OUVRAGES DE L'AUTEUR

Boulaga F.E., *Christianisme sans fétiche*, Paris, Présence africaine, 1981.

Boulaga F. E., *A contretemps, l'enjeu de Dieu en Afrique*, Paris, Karthala, 1991.

III. LES AUTRES OUVRAGES CITES

Audard C., *Qu'est-ce que le libéralisme ? Ethique, politique, société*, Paris, Gallimard, 2009.

Ela J.-M., *Le cri de l'homme africain*, Paris, l'harmattan, 1980.

Ela J.-M., *Repenser la théologie africaine*, Paris, Karthala, 2003.

Gérard S. et Lefebvre P., *Entrer en liberté*, Kinshasa, l'Epiphanie, 1985.

Hegel G. W. F., *Leçon sur la philosophie* de la religion, Paris, J. Vrin, 1972.

Kasper W., *Le Christ*, Paris, Cerf, 1976.

Metogo E.-M., *Dieu peut-il mourir en Afrique* ? , Paris, Karthala, 1997.

Moltman J., *L'église dans la force de l'Esprit, une contribution à l'ecclésiologie*, Paris, Cerf, 1980.

Weil E., cité par Hegba M., *Afrique de la foi Afrique de la raison*, Paris Karthala, 1995.

TABLE DES MATIERES

Printed by Books on Demand GmbH, Norderstedt / Germany